Jede Menge Flötentöne!

Barbara Ertl

Vorhang auf!

Band **1**

Spielstücke für **Sopranblockflöte** und Klavier

Vorwort

Musizieren macht Spaß – zusammen musizieren noch mehr!

Die vorliegende Sammlung von Melodien aus vielen europäischen Ländern und Spielstücken alter
Meister möchte dazu beitragen, diese Erfahrung zu machen.
Einige Stücke können schon nach dem Erlernen weniger Töne auf der Flöte gespielt werden. Alle
sind durch einen eingegrenzten Tonvorrat, die überschaubare Länge und eine gute musikalische
Verständlichkeit geeignet für das Musizieren etwa ab dem zweiten Unterrichtsjahr. Auch für die
Klavierbegleitung muss man noch kein Virtuose sein.
So bietet sich die bunte Mischung aus Instrumentalmusik für Flöte und Klavier an für musikalische
Ereignisse aller Art. Denn:

Musizieren macht Spaß – vor Publikum musizieren auch!

Deshalb „Vorhang auf" für alle, die gern musizieren, ob beim Klassenvorspiel oder Hauskonzert,
ob beim Schulkonzert oder Musizierabend. Die passenden Eintrittskarten für Eltern, Geschwister,
Großeltern und Freunde finden sich hinten in dieser Ausgabe.

Barbara Ertl

Die Flötenstimme ist unter der Bestellnummer VHR 3625-S auch einzeln erhältlich.

Impressum
© 2011 by Musikverlag Holzschuh, Manching
VHR 3625 / ISMN 979-0-2013-0458-8 / ISBN 978-3-940069-93-1

Klavierbegleitung: Michael Stöckl

Notensatz: Regina Krauß, Speyer

Umschlag: Gerhard Illig Kommunikation GmbH, Erlangen

Inhalt

1. Vorhang auf!

Barbara Ertl

2. Ajd na Levo

aus Kroatien

3. Paysane

Gregorio Lambranzi

6

4. Hark To The Millstones

anonym um 1740

5. Der Spielmann

aus Frankreich

6. Trompeten-Menuett

anonym

7. Branle Double

anonym

8. Rondetto

Barbara Ertl

11

9. Mandala

Barbara Ertl

Jede Menge
Flötentöne!

Barbara Ertl

Vorhang auf! Band 1

Sopranblockflöte

HOLZSCHUH

1. Vorhang auf!

Barbara Ertl

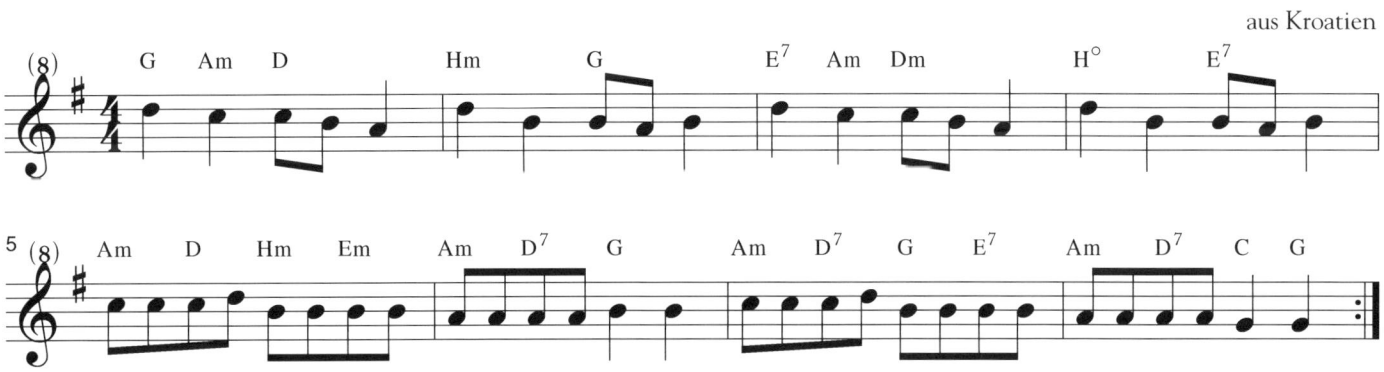

2. Ajd na Levo

aus Kroatien

3. Paysane

Gregorio Lambranzi

4. Hark To The Millstones

anonym um 1740

5. Der Spielmann

6. Trompeten-Menuett

7. Branle Double

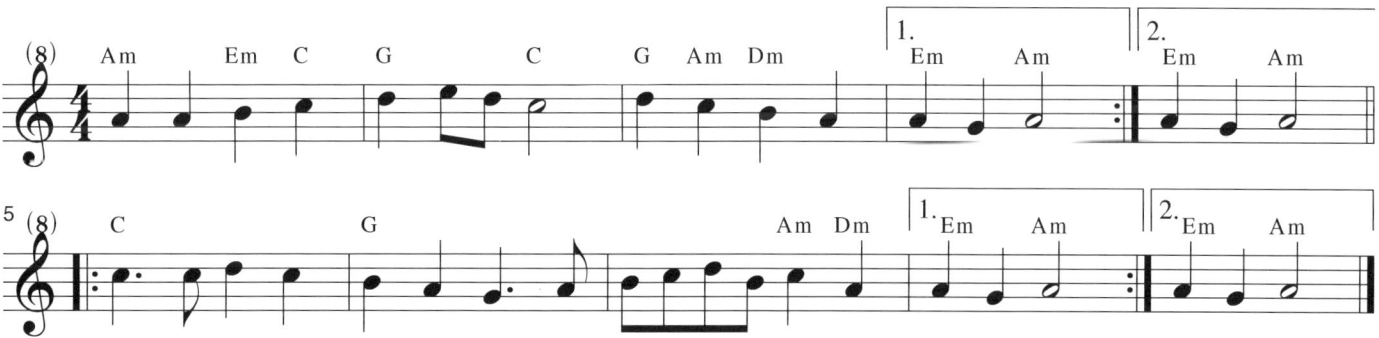

8. Rondetto

Barbara Ertl

9. Mandala

Barbara Ertl

10. Rundgesang

aus Griechenland

11. Dobru noc

aus der Slowakei

12. Djingalla

aus Lettland

13. Alte Weise

M. Praetorius

14. Lied aus der französischen Schweiz

trad.

15. That's It

Barbara Ertl

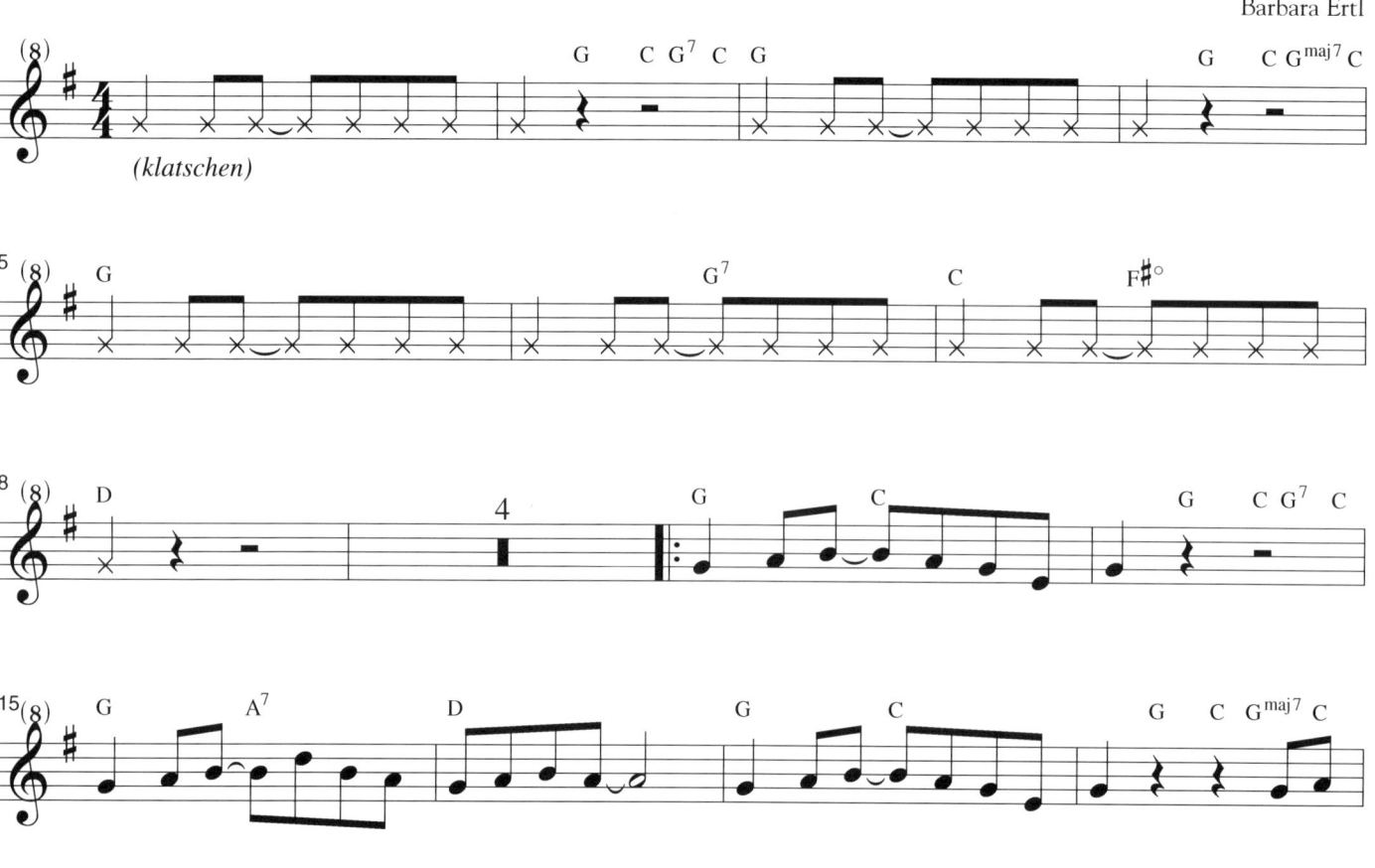

17 (8)
G C G
21 (8)
G C A7 G H7
25 (8)
Em Am Em C D7 G D7 A♯° H
29 (8)
Em Am Em D G D7 Em H7 Em H7 Em

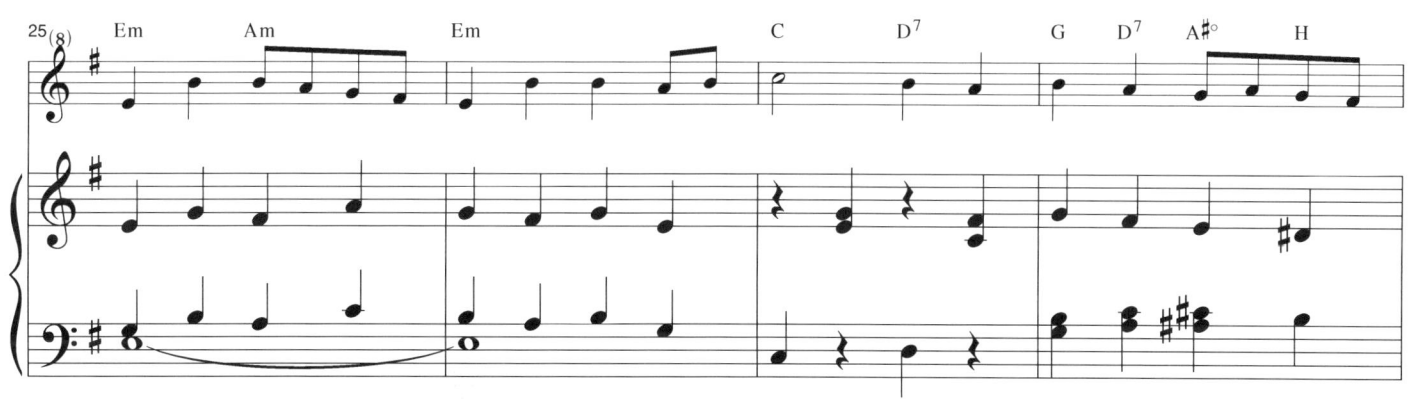

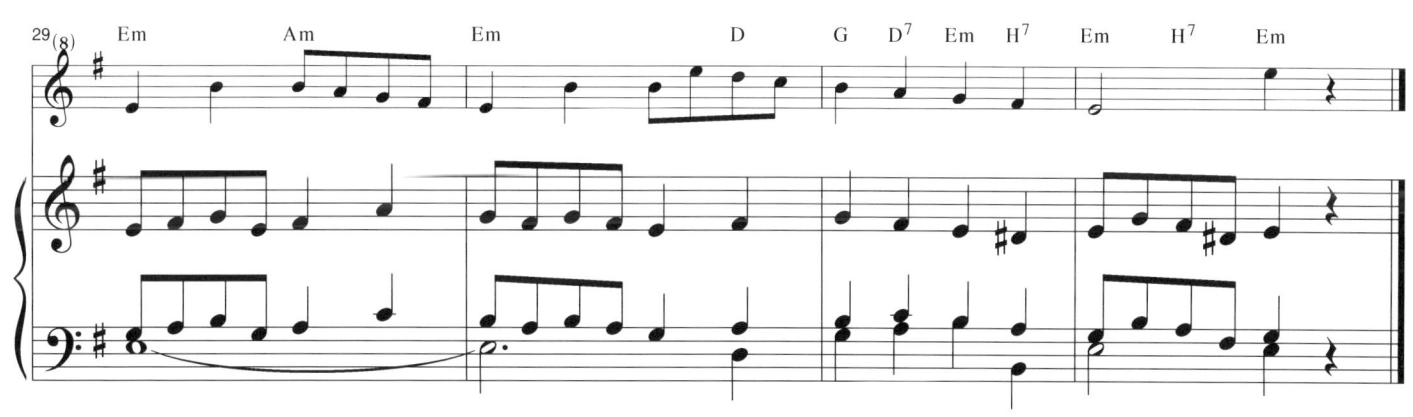

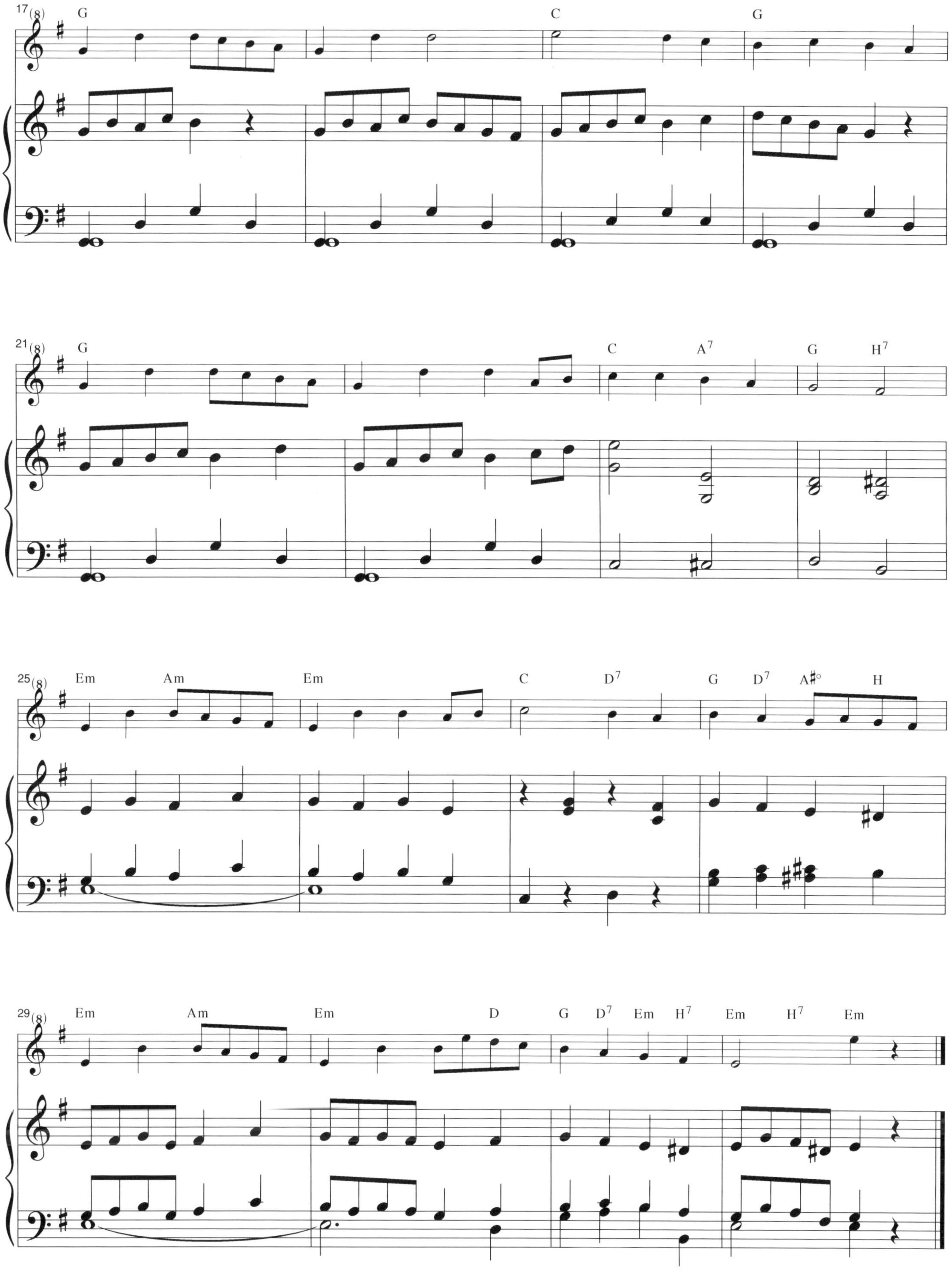

10. Rundgesang

aus Griechenland

14

11. Dobru noc

aus der Slowakei

12. Djingalla

aus Lettland

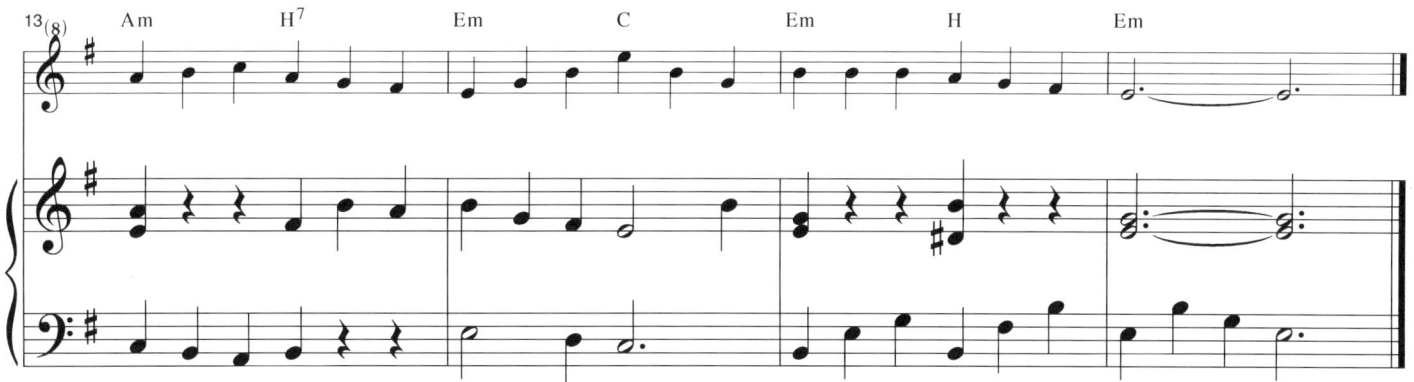

13. Alte Weise

M. Praetorius

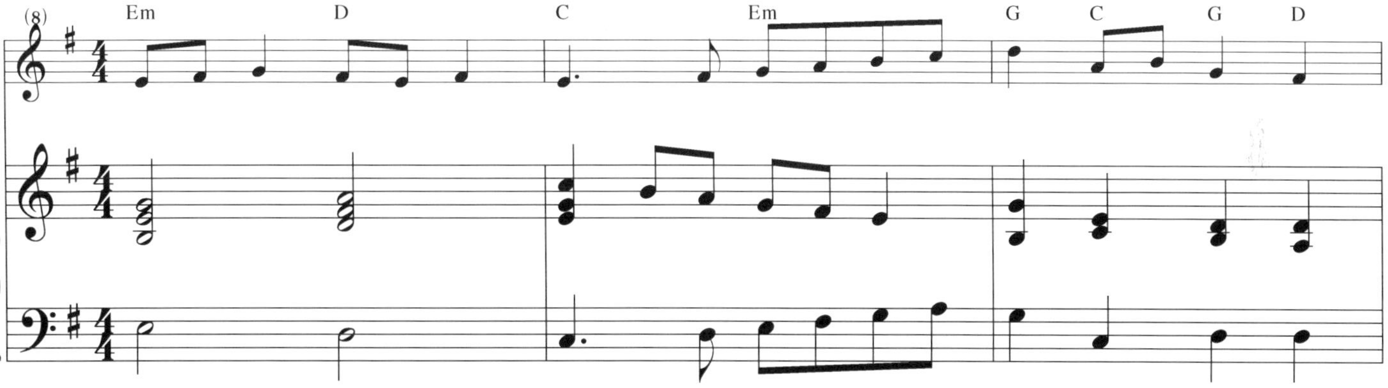

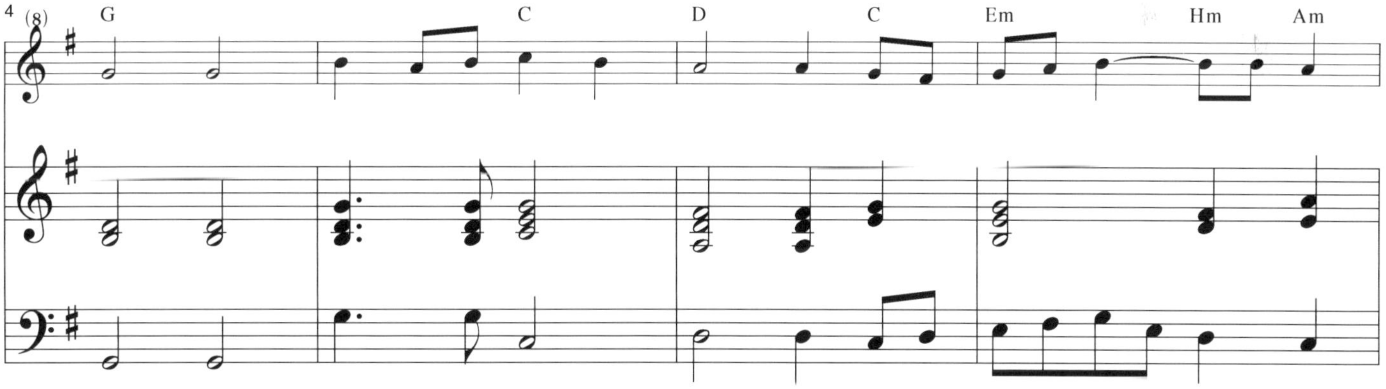

14. Lied aus der französischen Schweiz

trad.

15. That's It

Barbara Ertl

Viel Spaß
bei eurem Konzert:
Vorhang auf!

Die Eintrittskarten
einfach heraus-
trennen, ausfüllen,
ausschneiden und
verteilen!

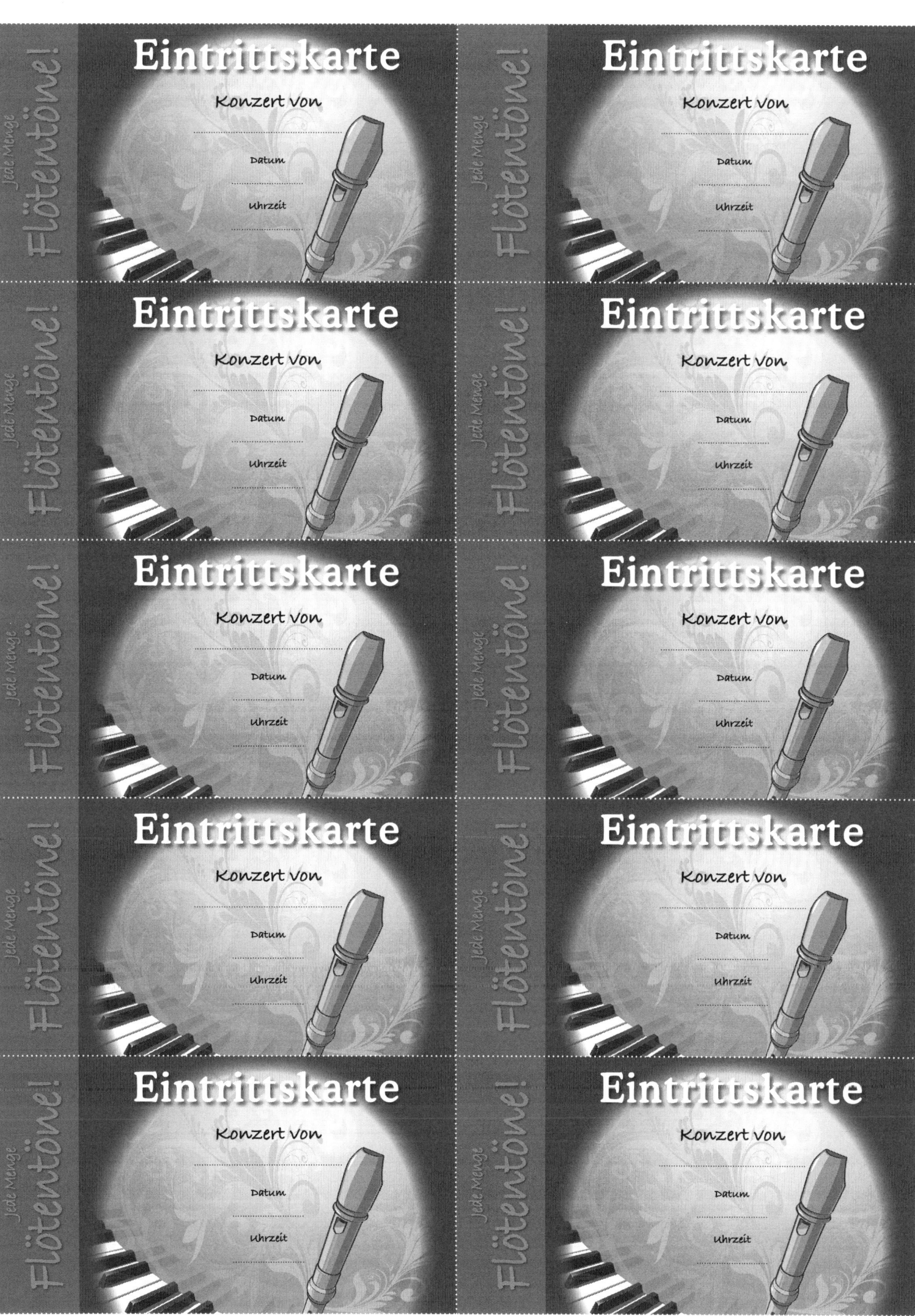